AF185627

Peter Borbe

LEBEN IN DER GRÜNEN- WELT

Ein satirischer Blick in
eine grüne Zukunft

 tredition®

©2021 Peter Borbe

Autor: Peter Borbe
Umschlag/Cover: Peter Borbe

Verlag & Druck: tredition GmbH, Halenreie 40-44, 22359
Hamburg
ISBN: 978-3-347-39873-3 (Paperback)
ISBN: 978-3-347-39874-0 (Hardcover)
ISBN: 978-3-347-39875-7 (e-Book)

Das Werk, einschließlich seiner Teile, ist urheberrechtlich
geschützt. Jede Verwertung ist ohne Zustimmung des Verla-
ges und des Autors unzulässig. Dies gilt insbesondere für die
elektronische oder sonstige Vervielfältigung, Übersetzung,
Verbreitung und öffentliche Zugänglichmachung.

"Jede Generation hält sich selbst für intelligenter als die vorherige und weiser als die nach ihr."

(George Orwell)

Vorwort

„Die sind doch alle jung und locker und setzen sich für unsere Umwelt ein", so oder ähnlich wird es häufig erklärt, wenn Menschen über die Grünen sprechen. Aber stimmt dieses Narrativ oder ist es nur geschicktes Marketing? Natürlich, die Partei hat ihre Wurzeln in der Umwelt- und auch in der Friedensbewegung, doch das spielt heutzutage nur noch eine untergeordnete Rolle. Grüne stehen heute für ein Gesellschaftssystem, das in alle Bereiche des Lebens eingreift - und das Andersdenkende mit wenig freundlichen Bezeichnungen betitelt, von „empathielos" und „...leugnern" bis hin zu „Menschenfeinden", „Gegnern der Demokratie" und offenen Vergleichen mit nationalsozialistischen Verbrechern.

Doch wie wäre eine Welt, in der diese Grünen eine uneingeschränkte Regierungsmehrheit hätten, in der sie ihr Weltbild ohne Rücksicht auf eventuelle Koalitionspartner durchsetzen können? Jeder hat Jeden total lieb und alle leben in einem glücklichen, diversen Land voller Empathie und Toleranz? Nein, mit einem erzwungenen strengen Korsett an gesellschaftlichen Regeln, Quotenregelungen für jede noch so kleine Minderheit, Sprachpolizei und Gleichstellungswahn kommt man nicht der menschlichen Natur entgegen, ganz im Gegenteil: Man versucht, die Menschen zu einem von Ideologen ausgedachten Wunschbild zu erziehen.

Ich habe bewusst das Mittel der Satire gewählt, um das grüne Weltbild darzustellen, manchmal absurd übersteigert, aber häufig auch nahe dran an dem, was bereits heute von Protagonisten der Partei geäußert und gefordert wird. Als Inspirationsquelle dienten neben dem Wahlprogramm der Bundespartei auch die Programme von Landesverbänden, sowie Äußerungen von einzelnen Mitgliedern in sozialen Netzwerken, Interviews, usw.

Über mehrere Monate hinweg habe ich in einer täglichen Serie bei Twitter Teile von „Leben in der Grünen-Welt" veröffentlicht, die ich nun auf den folgenden Seiten in gesammelter und überarbeiteter Form zusammengestellt habe.

Peter Borbe

Leben in der Grünen-Welt

Teil 1:

Den Wochenendeinkauf inklusive mehrerer Sprudelkisten (Glasflaschen, versteht sich!) in strömendem Regen 5 km vom Supermarkt mit dem Fahrrad nach Hause transportieren.

Leben in der Grünen-Welt

Teil 2:

Im Winter in Decken eingehüllt bei Kerzenschein sitzen, weil draußen die Solaranlage zugeschneit ist und der Wind gerade Flaute hat - und es deswegen keinen Strom für die Elektroheizung gibt.

Leben in der Grünen-Welt

Teil 3:

Morgens um 5.00 Uhr auf dem Schwarz-
markt anstehen, um doch noch etwas
Schweinefleisch, gezuckerte Limonade
oder Nutella (mit Fett, Zucker und Palm-
öl!) zu bekommen. Im regulären Handel
ist das ja verboten.

Leben in der Grünen-Welt

Teil 4:

Wegen „rassistischer Provokation" und „Beleidigung religiöser Gefühle" festgenommen werden, weil Du Bratwurst essend an einer Moschee vorbei gelaufen bist.

Leben in der Grünen-Welt

Teil 5:

Du „darfst" drei junge Männer aus Afghanistan, Somalia und Nigeria in Deiner Wohnung aufnehmen, weil die „Wir haben Platz"-Behörde festgestellt hat, dass Deine Wohnung viel zu groß für Dich allein ist.

Leben in der Grünen-Welt

Teil 6:

Neugeborene dürfen nicht mehr durch ihren Namen auf eine Geschlechtsidentität festgelegt werden. Vornamen müssen dann gegendert werden (z.b. Klaus*in). Bis zur selbstständigen Geschlechtsentscheidung durch das Kind kann auch eine Nummer ausreichen.

Leben in der Grünen-Welt

Teil 7:

Die deutsche Staatsbürgerschaft steht jedem Menschen weltweit zu. Sie kann auf Antrag ohne Bedingungen an allen Botschaften bezogen werden. Die neuen Deutschen werden dann sofort auf Staatskosten eingeflogen.

Leben in der Grünen-Welt

Teil 8:

Die Liste der „sicheren Herkunftsländer"
wird abgeschafft. Es gibt kein Land auf
der Welt, außer Deutschland, in der Jeder
eine „menschenwürdige Behandlung"
nach grüner Definition erhält.

Leben in der Grünen-Welt

Teil 9:

Es wird kein Tempolimit auf Autobahnen geben - weil Autobahnen komplett abgeschafft und zurückgebaut werden, nach dem Vorbild alter Römerstraßen. Für Eselkarren und Postkutschen reicht das völlig.

Leben in der Grünen-Welt

Teil 10:

Die Klima-Ausgangssperre gilt von freitags 18.00 Uhr bis sonntags 24.00 Uhr. Die Gefahr ist zu groß, dass das Klima durch CO_2-produzierende Freizeitaktivitäten am Wochenende leiden muss.

Leben in der Grünen-Welt

Teil 11:

Es gibt eine Frauenquote, aber nur, wo
es viel Geld und Macht zu verteilen gibt.
Und eine Homosexuellen-Quote.
Und eine Migrantenquote.
Und eine Muslimquote.
Und eine Transgender-Quote.
Und eine Sinti- und Roma-Quote.
Und eine PoC-Quote.

Leben in der Grünen-Welt

Teil 12:

Deine Anschrift ändert sich, weil Deine Straße ab sofort nach einer kongolesischen Freiheitskämpferin benannt wird. So, wie fast alle Straßen, die nach PoCs, Feministinnen oder „Opfern rechter Gewalt" umbenannt werden.

Leben in der Grünen-Welt

Teil 13:

Die Deutschlandflagge (schwarz-rot-gold) wird bei öffentlichen Veranstaltungen verboten. Weiterhin erlaubt sind die EU-, Regenbogen-, Antifa- und Türkei-Flagge. Das Verbot der IS-Flagge wird außerdem aufgehoben, wegen der Religionsfreiheit.

Leben in der Grünen-Welt

Teil 14:

Nach der sofortigen Cannabis-Legalisierung werden in kurzer Folge auch alle anderen Drogen freigegeben. Drogenverkäufer wird ein Lehrberuf: „Einzelhandelskaufmann /-frau für bewusstseinserweiternde Arzneien (m/w/d)".

Leben in der Grünen-Welt

Teil 15:

Das Wahlalter wird auf 0 gesetzt. Dein letzte Woche eingebürgerter Nachbar mit den acht Kindern hat als Familienpatriarch faktisch das zehnfache Stimmgewicht wie Du als Lebt-schon-länger-hier-Single.

Leben in der Grünen-Welt

Teil 16:

Du freust Dich, dass Du bei Deinem Fuß-marsch durch die Stadt (Autos sind dort ja verboten) nur an zwei Stellen Wegezoll an den Clanpatriarchen des Viertels zah-len musstest. Du durftest sogar Deine Schuhe behalten.

Leben in der Grünen-Welt

Teil 17:

Dein Einfamilienhaus wird enteignet und abgerissen, der Natur zuliebe. Aber Du bekommst mit Deiner vierköpfigen Familie eine schöne 40m²-Wohnung in einem umweltverträglichen staatlichen Bio-Plattenbau zugewiesen.

Leben in der Grünen-Welt

Teil 18:

Auch Nachnamen müssen „geschlechtergerecht" sein: Aus Zimmermann wird Zimmermensch, aus Müller Müller*in, usw. - rassistische Namen wie Schwarz und Braun sind ebenfalls zu ändern.

Leben in der Grünen-Welt

Teil 19:

Ein neuer Straftatbestand wird geschaffen: „Konterrevolutionäre Umtriebe". Dazu gehört jede Handlung oder Meinungsbekundung, die der ökosozialistischen Grünen-Ideologie widerspricht.

Leben in der Grünen-Welt

Teil 20:

Wie einst beim Kaiser die Sektsteuer,
wird wieder eine Steuer zum Aufbau einer Flotte eingeführt. Diesmal aber keine
Kriegsflotte, sondern Passagierschiffe,
die jeden Afrikaner auf Wunsch gratis
nach Europa bringen.

Leben in der Grünen-Welt

Teil 21:

Nachdem man erst nur Kurzstreckenflüge untersagt hat, werden wenig später private Flugreisen komplett verboten. Da Grünen-Mitglieder immer im Dienst sind, dürfen die natürlich weiterfliegen.

Leben in der Grünen-Welt

Teil 22:

Bücher mit nicht gendergerechter Sprache oder unerwünschten Begriffen, die nicht mehr politisch korrekt sind, werden verboten. Die Grüne Jugend organisiert zu nächtlicher Stunde Bücherverbrennungen.

Leben in der Grünen-Welt

Teil 23:

Das öffentlich-rechtliche Rundfunksystem wird ausgebaut. Die Beiträge werden verdoppelt, um neue Vollprogramme in Türkisch, Arabisch und Farsi zuzufügen. Und natürlich, um den „Kampf gegen Rechts" zu verstärken.

Leben in der Grünen-Welt

Teil 24:

Die Unterhaltungsbranche wird umgekrempelt: Sänger, Schauspieler und Kleinkünstler dürfen nur noch auftreten, wenn sie ihre Linientreue zur postmodernen Grünen-Ideologie bewiesen haben. Für alle Anderen gibt es ein Auftrittsverbot.

Leben in der Grünen-Welt

Teil 25:

Da Haustiere klimaschädlich sind, wird die Hundesteuer zu einer Haustiersteuer ausgebaut, auf drastisch erhöhtem Niveau. Auch Katzen und Hamster werden dann steuerpflichtig, man will ja eine Lenkungswirkung erzielen!

Leben in der Grünen-Welt

Teil 26:

Du musst Dich vor dem nächsten Behördengang informieren, zu welcher Zeit ein Sachbearbeiter mit Deutschkenntnissen vor Ort ist, nachdem es keine Amtssprache mehr gibt - um niemanden zu diskriminieren.

Leben in der Grünen-Welt

Teil 27:

Zum Theaterbesuch schön in Abendgarderobe mit dem Fahrrad in die City radeln. Abendliche Rückreise dann mit der Straßenbahn, inklusive unfreiwilliger Schmuckspende der Dame im Rahmen kultureller Begegnungen mit Jugendlichen.

Leben in der Grünen-Welt

Teil 28:

Es werden neue Feiertage eingeführt: George-Floyd-Tag, „Schewegewara"-Tag, Christopher Street Day und der Tag der offenen Grenze. Im Gegenzug werden diskriminierende Feiertage wie Weihnachten und Ostern abgeschafft.

Leben in der Grünen-Welt

Teil 29:

Silvesterfeuerwerk wird komplett verboten, wegen Feinstaub. Das Osterfeuer
auch, und alle anderen Traditionen und
Bräuche, die mit offenem Feuer zu tun
haben.

Leben in der Grünen-Welt

Teil 30:

Erben wird abgeschafft. Das Vermögen von Verstorbenen verfällt komplett dem Staat. Sofern nach jahrelangem Zahlen einer drastischen Vermögenssteuer überhaupt noch etwas übrig ist.

Leben in der Grünen-Welt

Teil 31:

Der Fleischkonsum wird schrittweise abgeschafft: Zuerst gibt es noch Bezugsmarken für 100g Fleisch oder Wurst pro Person und Woche, später dann nur noch ein Mal im Monat, am Ende dann gar nicht mehr.

Leben in der Grünen-Welt

Teil 32:

Nachdem im Zusammenwirken mit EU und EZB das Bargeld abgeschafft wurde, fällt dann irgendwann auf, dass während der regelmäßigen Energiewende-bedingten Blackouts nichts mehr geht. Der Tauschhandel kommt wieder in Mode.

Leben in der Grünen-Welt

Teil 33:

Eine neue Kolonialsteuer wird eingeführt, um neben Namibia auch den anderen ehem. Kolonien Burundi, Ruanda,
Tansania, Kamerun, Gabun, Kongo, Zen-
tralafrikanische Republik, Tschad, Nigeria, Togo, Ghana und Papua-Neuguinea
reiche Entschädigungen zu zahlen.

Leben in der Grünen-Welt

Teil 34:

Grillen wird verboten. Feinstaubentwicklung und CO_2-Emission machen das Freizeitvergnügen ökologisch untragbar. Durchgesetzt wird das Ganze durch ein Verkaufsverbot von Grills und Holzkohle.

Leben in der Grünen-Welt

Teil 35:

Es wird ein Ministerium für Volkserziehung geben. Aufgabe sind Haltungskontrolle und Disziplinierung von Abweichlern. Erste Ministerin wird Anetta K.

Leben in der Grünen-Welt

Teil 36:

Nachdem nach und nach auch den Grünen klar wird, dass Elektroautos ebenfalls sehr umweltschädlich sind, wird für 2030 nicht nur ein Verbrennerverbot, sondern ein Komplettverbot von privaten Autos festgesetzt.

Leben in der Grünen-Welt

Teil 37:

Dein Sohn wollte eigentlich eine Ausbildung zum Verwaltungsfachangestellten machen. Im Rahmen der Diversitätsoffensive an Behörden ist der nächste Platz für einen heterosexuellen Mann ohne Migrationshintergrund allerdings erst in sieben Jahren frei.

Leben in der Grünen-Welt

Teil 38:

Zoos und Tierparks werden verboten,
weil man Tiere nicht gefangen halten
darf. Es reicht, wenn Kinder die Tiere aus
dem Internet kennen.
Alle Zootiere werden an Ort und Stelle in
die Freiheit entlassen.

Leben in der Grünen-Welt

Teil 39:

Die Antidiskriminierungs-Gesetzgebung wird dahingehend ausgebaut, dass jeder Arbeitgeber, Vermieter usw. nicht mehr selbst entscheiden darf, wen er nimmt. Stattdessen sind die Bewerberlisten der Antidiskriminierungsstelle zur Entscheidung vorzulegen.

Leben in der Grünen-Welt

Teil 40:

Es wird eine zentrale Kulturbehörde nach dem Vorbild der Reichskulturkammer geschaffen. Sie dient der Gleichschaltung der Kultur, um alle gesellschaftlichen Bereiche im Sinne der grünen Ideologie zu kontrollieren.

Leben in der Grünen-Welt

Teil 41:

Nach dem Werbeverbot für Tabak und Alkohol wird die Werbung für weitere unerwünschte Produkte verboten: Autos, Kreuzfahrten, Flugreisen, Fleisch, Wurst, zuckerhaltige Nahrungsmittel, salzhaltige Nahrungsmittel usw.

Leben in der Grünen-Welt

Teil 42:

Der Sechsjährige kommt von der Schule und fragt Mama erst mal, ob sie einen Dildo benutzt. Und Papa, ob er schon mal Geschlechtsverkehr mit einem Mann hatte. Gehört neuerdings zum Stoff der 1. Klasse.

Leben in der Grünen-Welt

Teil 43:

Es wird ein soziales Punktesystem nach chinesischem Vorbild eingeführt. Natürlich hat es einen wohlklingenden Namen bekommen und ist technisch etwas verändert, aber das Prinzip ist das gleiche.

Leben in der Grünen-Welt

Teil 44:

Die Öffentlichkeitsarbeit der Polizei wird neu ausgerichtet: Pressemitteilungen gibt es nur noch bei Straftaten mit deutschen Tätern. Für Straftaten von Migranten gilt eine Nachrichtensperre.

Leben in der Grünen-Welt

Teil 45:

Die Geschichts- und Schulbücher werden neu geschrieben: Die ganze deutsche Geschichte wird als ununterbrochene Folge von Verbrechen gesehen, für die heutige Deutsche den Preis in Form von Reparationen zahlen müssen.

Leben in der Grünen-Welt

Teil 46:

Neben der Reglementierung des Flug-
verkehrs werden auch Kreuzfahrten
verboten. Die freiwerdenden Kreuzfahrt-
schiffe werden requiriert und als Flotte
eingesetzt, um afrikanische Siedler auf
Wunsch kostenlos nach Europa zu bringen.

Leben in der Grünen-Welt

Teil 47:

Die Landwirtschaft wird neu organisiert. Die Bauern werden enteignet und in Kolchosen zusammengefasst, in denen nur noch nach Regeln der BIO-Landwirtschaft produziert wird.

Leben in der Grünen-Welt

Teil 48:

Nahrungsmittel dürfen nur noch verkauft werden, wenn ihr Transportweg weniger als 1.000 Kilometer beträgt. Das Aus für Banane & Co., aber auch für Saisonware wie Erdbeeren außerhalb ihrer hiesigen Saison.

Leben in der Grünen-Welt

Teil 49:

Der ÖPNV wird bundesweit „kostenlos". Dafür muss allerdings jeder Bürger eine Zwangsgebühr von 40 Euro/Monat zahlen, unabhängig von der Nutzung. Praktisch eine „Straßenbahn-GEZ".

Leben in der Grünen-Welt

Teil 50:

Die Pfandpflicht für alles kommt: Egal, ob Verpackungen für alle Getränke, auch Säfte, Milch, Wein und Sekt, To-Go-Becher, Wurstgläser, Joghurtbecher, bis hin zu Handies und Akkus... für alles gibt es neue Mehrwegsysteme.

Leben in der Grünen-Welt

Teil 51:

Kitas, Schulen und Jugendhilfe werden organisatorisch zusammengeführt, um Kinder von Klein auf ideologisch in die gewünschte Richtung zu prägen. Dabei wird auch darauf hingearbeitet, dass die Kinder „falsche" Einstellungen der Eltern anzeigen.

Leben in der Grünen-Welt

Teil 52:

Unternehmertum wird neu definiert: Es besteht nur noch aus „Risiko tragen". Alle wichtigen Entscheidungen werden durch Tarifrecht, Diskriminierungs- und Diversitätsrichtlinien, Quoten, Lieferkettengesetze, erweiterte Mitbestimmung usw. übernommen.

Leben in der Grünen-Welt

Teil 53:

Eltern werden einer ideologischen Zuverlässigkeitsprüfung unterzogen. Wer zu sehr an „altmodischen" Wertvorstellungen hängt, dem wird das Sorgerecht entzogen. Die Kinder kommen dann in staatliche Obhut.

Leben in der Grünen-Welt

Teil 54:

In öffentlichen Einrichtungen wie Schulen und Kitas gibt es ein Milchverbot. Es dürfen nur noch vegane Milchersatzprodukte (Soja-/Hafer-/Reismilch) ausgeschenkt werden.

Leben in der Grünen-Welt

Teil 55:

Hausbesetzungen werden legalisiert. Sobald eine Wohnung oder ein Haus drei Wochen leer steht, darf Jeder einziehen, der will. Eine Räumung ist dann nicht mehr zulässig.

Leben in der Grünen-Welt

Teil 56:

Ausländische Bildungsabschlüsse werden ungeprüft anerkannt, um den Fachkräftemangel zu beseitigen. Dabei sind die Angaben des Migranten entscheidend. Wenn der Syrer sagt, er war Herzchirurg, dann ist er Herzchirurg.

Leben in der Grünen-Welt

Teil 57:

Du könntest einen Management-Posten in Deiner Firma bekommen. Allerdings erklärt man Dir, dass Du vorher Dein Geschlecht wechseln oder Homosexualität vortäuschen musst - sonst klappt es mit der Quote nicht!

Leben in der Grünen-Welt

Teil 58:

Es werden keine Produkte mehr aus Ländern importiert, deren Regierungen nicht auf Linie mit den Machthabern in Deutschland liegen. Zusätzlich müssen auch noch hohe Arbeitsrecht- und Umweltstandards erfüllt werden. Die Regale werden immer leerer.

Leben in der Grünen-Welt

Teil 59:

Die Mülltrennung wird ausgebaut. Jeder Haushalt muss nun 12 verschiedene Mülltonnen vorhalten und benutzen.

Leben in der Grünen-Welt

Teil 60:

Die Entwicklungshilfe wird von migrationsförderndem Verhalten der afrikanischen Staaten abhängig gemacht. Länder, die die Reise der Siedler aus Subsahara-Afrika nach Europa unterstützen und fördern, werden großzügig belohnt.

Leben in der Grünen-Welt

Teil 61:

Weil der Osten Deutschlands nicht vielfältig genug ist, bekommen Menschen mit afrikanischem oder Nahost-Migrationshintergrund Prämien für die Umsiedung in die östlichen Bundesländer. Ländliche Regionen zählen doppelt.

Leben in der Grünen-Welt

Teil 62:

Die EU wird zur Sozial- und Haftungsuni-
on. Ob Arbeitslosengeld in Griechenland,
Krankenversorgung in Bulgarien oder
Staatsschulden in Italien - Deutschland
zahlt dafür.

Leben in der Grünen-Welt

Teil 63:

Das „Gute-Sprache-Gesetz" reformiert
die deutsche Sprache. Gendern wird
Pflicht, außerdem gibt es eine lange Liste
von Worten, die nicht mehr verwendet
werden dürfen. Zuwiderhandlungen gel-
ten als Straftat.

Leben in der Grünen-Welt

Teil 64:

Immer weitergehende Verbote im Ver-
packungssektor führen dazu, dass jeder
wieder, wie im Mittelalter, mit umgehäng-
ter Tasse und Holzlöffel herumläuft, um
irgendwo noch „To-Go" Essen oder Trin-
ken zu bekommen.

Leben in der Grünen-Welt

Teil 65:

Das Wort „Demokratie" wird neu definiert. Demokratisch ist nur noch, was links oder grün ist. Alle Parteien, die das nicht sind, werden von jeglichem Diskurs ausgeschlossen bzw. gleich komplett verboten.

Leben in der Grünen-Welt

Teil 66:

Tausende Bürgermeister im Land verlieren ihr Amt. Nach erweiterter Gleichstellungsrichtlinie muss jeder zweite Bürgermeisterposten mit einer Frau besetzt werden. Welche Männer gehen müssen, wird per Los ermittelt.

Leben in der Grünen-Welt

Teil 67:

Unter dem Vorwand der Digitalisierung bekommt jeder eine digitale Identität. In Wirklichkeit dient es der lückenlosen Überwachung der Bürger und bietet völlig neue Sanktionsmöglichkeiten, z.B. das Abschneiden von bargeldlosen Zahlungen.

Leben in der Grünen-Welt

Teil 68:

Unter dem Namen Diversity-Mainstreaming wird Dienstrecht und Organisation aller Behörden umgestellt. Bei Einstellungen und Beförderungen zählen nur noch Geschlecht, Ethnie und Minderheitenzugehörigkeit, Qualifikation und Leistung sind Nebensache.

Leben in der Grünen-Welt

Teil 69:

Comedians und Kabarettisten müssen ihr Programm vorher von der Antidiskriminierungsbehörde genehmigen lassen. Witze über Minderheiten wie Schwarze, Dicke, Blondinen usw. sind verboten. Eigentlich sind nur noch Witze gegen alte weiße Männer erlaubt.

Leben in der Grünen-Welt

Teil 70:

Das Leitbild „Einheit in Vielfalt" wird zur Staatsdoktrin erklärt. Unter dem Vorwand der Partizipation wird eine konsequente Diskriminierung der autochthonen Bevölkerung Deutschlands zugunsten von Einwanderern zum Gesetz.

Leben in der Grünen-Welt

Teil 71:

Für das Internet wird eine Medienregulierung eingeführt. Suchmaschinen müssen in ihren Ergebnissen „gesellschaftlich Erwünschtes" priorisieren, soziale Netzwerke bekommen KI-Filter, um politisch nicht korrekte User automatisiert auszusortieren.

Leben in der Grünen-Welt

Teil 72:

Die Mindestabstände zu Wohngebieten für Windräder werden komplett gestrichen. Jeder, der einen etwas größeren Garten hat, darf sich eines in der Siedlung aufstellen.

Leben in der Grünen-Welt

Teil 73:

Um den Zugewanderten ihr neues Leben in Deutschland zu erleichtern, werden Städte umbenannt in Neu-Kabul, Rakka und Neu-Damaskus. Weichen müssen dafür fragwürdige Namen wie Schweinfurt, Braunschweig und Schwarzenbek.

Leben in der Grünen-Welt

Teil 74:

Zusammen mit anderen Staaten einer „Koalition der Willigen" wird die Bundeswehr in Kriegseinsätze geschickt, um Länder auf den richtigen Weg zu zwingen, die nicht genug für die Klimagerechtigkeit, LGBT und andere postmoderne Anliegen tun.

Leben in der Grünen-Welt

Teil 75:

Die Antidiskriminierungsstelle wird zur obersten Bundesbehörde aufgewertet – mit Milliardenetat. Zusammen mit gut finanzierten „zivilgesellschaftlichen" Akteuren wird ein Klima gegenseitiger Denunziation, Mißtrauen und Schuldzuweisungen erzeugt.

Leben in der Grünen-Welt

Teil 76:

Es gibt ein Wahrheitsministerium. Hier wird genau für alle Themenbereiche festgelegt, was die staatlich verordnete Wahrheit ist. Jede Abweichung gilt als Falschinformation/Fake News und wird nicht nur gelöscht, sondern auch hart sanktioniert.

Leben in der Grünen-Welt

Teil 77:

Weil es nach dem Abschalten aller Atom-, Kohle-, Öl- und Gaskraftwerke doch nicht so gut läuft mit der Energiewende, wird der Strom rationiert. Jeder bekommt noch 8 Sunden am Tag was auf die Steckdose.

Leben in der Grünen-Welt

Teil 78:

Mit einem dichten Netzwerk von Initiativen, Verbänden, Vereinen und NGOs umgeht die Regierung die rechtlichen Grenzen des eigenen Handelns. Mit Milliarden Euro und eingeräumten Sonderrechten können so Aktivitäten an Recht und Grundgesetz vorbei laufen.

Leben in der Grünen-Welt

Teil 79:

Der Familiennachzug wird erleichtert.
Unter ihn fallen jetzt alle Verwandten
bis zum 3. Grad, Zweit-, Dritt- und Viert-
frauen samt deren Kinder, versprochene
Bräute, sowie die Nachbarn aus dem
Heimatdorf.

Leben in der Grünen-Welt

Teil 80:

Um neu angekommenen Migranten den Start in die vielfältige Einwanderungsgesellschaft zu erleichtern, werden Arbeitgeber und Vermieter verpflichtet, ihnen den Vorzug gegenüber schon länger hier Lebenden zu geben.

Leben in der Grünen-Welt

Teil 81:

Zur Förderung der geschlechtlichen und sexuellen Vielfalt und Diversität werden die Lehrpläne dahingehend angepasst, dass Kinder ab dem sechsten Lebensjahr jährlich ihre Geschlechtsidentität und Heterosexualität hinterfragen müssen.

Leben in der Grünen-Welt

Teil 82:

Um racial profiling zu vermeiden, muss die Polizei Quoten bei Kontrollen erfüllen. Wenn in der Nähe eines Drogenbrennpunkts ein Schwarzer kontrolliert wird, dann muss auch die nächste weiße Omi gefilzt werden.

Leben in der Grünen-Welt

Teil 83:

Unter dem Stichwort „Erinnerungskultur" wird die Aufarbeitung der „deutschen Verbrechensgeschichte" zum sinnstiftenden Element. Alle Kommunen werden verpflichtet, neue Gedenkstätten zu errichten, Schulklassen müssen Pflichtbesuche nachweisen.

Leben in der Grünen-Welt

Teil 84:

Der Sport wird ideologisch komplett auf Linie gebracht. Stadien dürfen noch noch nach einem schriftlichen Gesinnungstest besucht werden. Gleiches gilt für Mitgliedschaften in Sportvereinen. Abgefragt werden Einstellungen zu Multikulti, LGBT und Genderideologie.

Leben in der Grünen-Welt

Teil 85:

Die Lehrpläne der Schulen werden reformiert. Unwichtiges wie Mathematik, Deutsch, Naturwissenschaften wird auf ein Mindestmaß reduziert, dafür gibt es Gender Mainstreaming, Islamkunde, Arabisch, Türkisch und Ausdruckstanz.

Leben in der Grünen-Welt

Teil 86:

Der UN-Migrationspakt, von dem immer gesagt wurde, er sei „nicht rechtlich bindend", wird 1:1 in deutsches Recht umgesetzt. Verbunden damit wird die Pressefreiheit eingeschränkt, kritische Berichterstattung über Migration wird verboten.

Leben in der Grünen-Welt

Teil 87:

Außengrenzen dürfen nicht mehr gesichert werden, es gilt das Prinzip „Außengrenzen durchlässig machen". Staaten mit Schengen-Außengrenzen bekommen von der EU und Deutschland besondere Förderungen, wenn sie allen Menschen freien Zugang zum EU-Territorium gewährleisten.

Leben in der Grünen-Welt

Teil 88:

Das Waffenrecht wird massiv verschärft. Auch alle Sportschützen werden entwaffnet. Bei Schützenfesten fuchteln alle nur noch mit Holzgewehren herum, König wird, wer am lautesten „Peng" ruft.

Leben in der Grünen-Welt

Teil 89:

In Stadtteilen mit starkem muslimischen Bevölkerungsanteil wird eine Scharia-Polizei geduldet und mit Rechten ausgestattet. Man müsse Rücksicht nehmen auf religiöse Gefühle und das Zusammenleben kultursensibel organisieren.

Leben in der Grünen-Welt

Teil 90:

Die Krankenversicherung wird internationalisiert: Bei ausländischen Staatsbürgern sind alle näheren Verwandten im Heimatland mitversichert: Eltern, Geschwister, Kinder, Zweitfrauen und deren Kinder. Die Beiträge steigen drastisch an.

Leben in der Grünen-Welt

Teil 91:

Nachdem man in schneller Folge alle osteuropäischen Armenhäuser und die Türkei in die EU aufgenommen hat, erklärt man das Mittelmeer kurzerhand für europäisch und bietet auch den Staaten Nordafrikas eine Mitgliedschaft an.

Leben in der Grünen-Welt

Teil 92:

Kinder kriegen gilt als extrem klimaschädlich, so die offiziell grün-regierungs-
seitig vertretene Linie. Klimabewegte
„Biodeutsche" folgen dem Aufruf zur
Kinderlosigkeit zu Zehntausenden. Zu-
gewanderte interessiert das allerdings
kaum.

Leben in der Grünen-Welt

Teil 93:

Internationale Abkommen und Verträge werden daraufhin geprüft, ob sie in der Vergangenheit zu vorteilhaft für Deutschland ausgehandelt wurden. Im Zweifelsfall werden neue, für Deutschland nachteilige Regelungen getroffen.

Leben in der Grünen-Welt

Teil 94:

Der Blockwart wird wieder eingeführt. Er wird auf die Grünen vereidigt und muss sich um alles kümmern, alles erfahren, sich überall einschalten. Er ist für 40-60 Haushalte zuständig und soll die Transformation in die grüne Gesellschaft überwachen.

Leben in der Grünen-Welt

Teil 95:

Öl- und Gasheizungen werden verboten. Geheizt wird nur noch elektrisch mit erneuerbaren Energien. Durch Heizenergie und Elektromobilität steigt der Winter-Strombedarf allerdings auf ein Vielfaches. Menschen wärmen sich am Lagerfeuer im Garten. Was natürlich auch illegal ist.

Leben in der Grünen-Welt

Teil 96:

Das Angebot der UNO, die Feindstaaten-klausel gegen Deutschland aufzuheben, wird von der grünen Regierung abgelehnt. Die Welt soll immer wissen, dass der Deutsche von Natur aus böse ist und Deutschland eine permanente Bedrohung für die Welt darstellt.

Leben in der Grünen-Welt

Teil 97:

Eine paramilitärische Kampfabteilung, die sich von allem aus Mitgliedern der Antifa und anderer linksextremer Gruppierungen rekrutiert, drangsaliert konservative und liberale Politiker. Ermittlungen gegen diese Gruppierungen laufen systematisch ins Leere.

Leben in der Grünen-Welt

Teil 98:

Das Einwanderungsministerium legt Quoten für die Mindesteinwanderung aus jedem afrikanischen Land fest. Die Vielfalt gebietet, dass der ganze Kontinent in unserer Gesellschaft abgebildet wird. Eine Frauenquote gibt es dabei allerdings nicht.

Leben in der Grünen-Welt

Teil 99:

Jeder Asylbewerber bekommt sofort nach seiner Ankunft einen Integrationsmanager zugewiesen - eine Art Concierge, der alle wichtigen Dinge organisiert und seinen Start als neuer Bürger dieses Landes möglichst angenehm gestaltet.

Leben in der Grünen-Welt

Teil 100:

Im Kampf gegen den Sexismus, aber auch als Rücksichtnahme auf kulturell sittenstrengere Neubürger, werden Vorschriften für die Darstellung von Frauen in der Werbung erlassen: Außer an Gesicht, Hals und Händen darf keine Haut sichtbar sein.

Leben in der Grünen-Welt

Teil 101:

Die Schulsysteme werden zusammen-
gelegt, da die bisherige Aufteilung nach
dem Leistungsprinzip Schwächere
benachteiligt. Inhalte werden an den
schwächsten Schülern der jeweiligen
Klasse ausgerichtet, Leistungsstarke
müssen Zurückhaltung üben.

Leben in der Grünen-Welt

Teil 102:

Dressur von Tieren wird verboten, weil Tiere gezwungen werden, nicht artgerechte Dinge zu tun. Besonders betroffen ist der Reitsport: Voltigieren, Dressur- und Westernreiten, Reitturniere und Pferderennen gibt es nicht mehr.

Leben in der Grünen-Welt

Teil 103:

Waschmaschinen, Wäschetrockner und Geschirrspülmaschinen in Privathaushalten werden verboten, der Stromverbrauch ist zu hoch. Waschbrett und Wäscheleine sind das Mittel der Wahl.

Leben in der Grünen-Welt

Teil 104:

Auch die Justiz wird diversitätskonform gesäubert. Neben der allgegenwärtigen Frauenquote kommen auch migrantische Richter zum Einsatz, die traditionelles Rechtsverständnis aus den Heimatländern der Angeklagten kultursensibel anwenden.

Leben in der Grünen-Welt

Teil 105:

Menschen werden von Geburt an auf das grüne Gesellschaftsbild geprägt. Eine frühe Kitapflicht sorgt dafür, dass ab dem zweiten Lebensjahr Klimaschutz, Antirassismus, Feminismus, LGBT usw. gedrillt werden. Der Einfluss der Eltern soll verschwinden.

Leben in der Grünen-Welt

Teil 106:

Im „Gute-Ernährungs-Gesetz" wird nicht
nur der schrittweise Ausstieg aus dem
Fleischkonsum und der Milchwirtschaft
geregelt, es werden auch verbindliche
Vorgaben für Zucker, Salz und Fett in
Lebensmitteln gemacht. Das Essen wird
fad, aber unheimlich gesund.

Leben in der Grünen-Welt

Teil 107:

Die grüne Planwirtschaft kommt. In den 5-Jahres-Plänen geht es aber nicht mehr um Produktivität und Umsätze, die Zielerreichungen werden bei Minderheitenquoten, Feinstaubwerten und CO_2-Einsparungen eingefordert. Wirtschaftlichkeit ist irrelevant.

Leben in der Grünen-Welt

Teil 108:

Nachdem erst nur große börsennotierte Wohnungsunternehmen enteignet wurden, geraten auch kleinere Wohnungsbaugesellschaften ins Visier. Private Investoren verabschieden sich von Neubauprojekten, Bausubstanz verkommt zusehends.

Leben in der Grünen-Welt

Teil 109:

Abschiebungen werden nicht nur komplett ausgesetzt, sondern auch die Abschiebungen der letzten 5 Jahre rückgängig gemacht, d.h. die Leute werden auf Staatskosten nach Deutschland zurückgeholt. Selbstverständlich auch verurteilte Kriminelle.

Leben in der Grünen-Welt

Teil 110:

Deutschland akzeptiert die Reparations-
forderungen aus Polen und Griechenland für den 2. Weltkrieg in voller Höhe.
Weil der Verkauf der Goldreservern dafür
nicht reicht, werden Zwangshypotheken
auf alle Immobilien eingetragen. Weitere
Länder kommen mit neuen Forderungen
und wollen auch ihren Anteil.

Leben in der Grünen-Welt

Teil 111:

Der Benzinpreis liegt bei 4,50 Euro. Ist aber auch nicht so schlimm, da man in die meisten Städte sowieso nicht mehr mit dem Auto rein darf und Autobahnen weitgehend zurückgebaut wurden.

Leben in der Grünen-Welt

Teil 112:

Es gibt Prämien für das Melden von Nachbarn, Familie und Bekannten bei Steuersünden, klimaschädlichem Verhalten, Aussagen gegen die politische Korrektheit, Agitation gegen die Regierung usw.

Leben in der Grünen-Welt

Teil 113:

Da beim Mindestlohn ein jährlicher Erhöhungszyklus von 10-20% durchgeführt wird und gleichzeitig auch die Sozialleistungen sehr großzügig gesteigert wurden, galoppiert die Inflation. Die Ersparnisse werden immer weniger wert, dafür steigen die Steuereinnahmen des Staates permanent.

Leben in der Grünen-Welt

Teil 114:

Durch millionenfache Einwanderung überwiegend junger Männer verändert sich die Geschlechterdemografie in der Alterskohorte 16-30 Jahre. Um dem Rechnung zu tragen, wird die geschlechtsunabhängige Vielehe eingeführt, damit Frauen mehrere Männer heiraten können. Allerdings wird das Angebot selten angenommen.

Leben in der Grünen-Welt

Teil 115:

Die Regierung beruft sich gern auf „die Wissenschaft". Wobei nur als Wissenschaft anerkannt wird, wer die richtigen Narrative unterstützt. Nicht dazu gehören z.B. Forscher, die behaupten, Geschlechter seien mehr als ein soziales Konstrukt und Männer könnten nicht gebären.

Leben in der Grünen-Welt

Teil 116:

An den Schulen wird allmorgentlich gemeinsam von Schülern und Lehrern ein Glaubensbekenntnis der neuen, transformierten Gesellschaft aufgesagt. Es enthält die Stichworte Antirassismus, Antifaschismus, Antikapitalismus, Vielfalt, Toleranz, Buntheit, Weltoffenheit.

Leben in der Grünen-Welt

Teil 117:

Der Alltag wird zum Sanktionierungs-
raum. Das während der Covid19-Pan-
demie entwickelte System, Ungehorsa-
me, die sich Regierungsanordnungen
widersetzen, von öffentlichen Räumen
(Gastronomie, Kultur, Sport) auszu-
schließen („2G-Regel"), wird verfeinert
und auf andere Bereiche ausgedehnt.

Schlusswort

Auch wenn manche Teile etwas adsurd und übertrieben klingen mögen: Vieles davon - wenn auch nicht alles - hat durchaus eine reale Grundlage. So sind Begriffe wie „Diversity-Mainstreaming", „Einheit in Vielfalt" und „Integrationsmanager" keine Erfindungen meinerseits, sondern stammen direkt aus dem Wahlprogramm der Grünen.Allgemein sei Jedem, der diese Partei wählen will, empfohlen, sich das Wahlprogramm einmal durchzulesen (Was man eigentlich bei jeder Partei machen sollte). Dort ergibt sich nämlich ein komplett anderes Bild als das der freundlichen und hippen Umweltfreunde: Im Vordergrund steht das Streben nach einer streng durchgeregelten Gesellschaft, in der Geschlecht, Ethnie, sexuelle Orientierung und Religion zu Qualitätsmerkmalen werden, die im Zweifelsfall über die eigene Zukunft entscheiden - und all das unter dem Vorwand, dies eigentlich abschaffen zu wollen. Diversität wird zur neuen Staatsreligion.

Auf der andereren Seite ist der Duktus in Bezug auf das eigene Land immer abweisend: Deutschland darf als stiller Geldgeber herhalten, großzügig seinen vermeintlichen Reichtum mit der Welt teilen, oder als schuldbewusster Sünder fungieren, aber immer mit dem Ziel, dass erst alle Anderen profitieren müssen, bevor Deutschland seinen Anteil erhält. Im Grunde das genaue Gegenstück zu Trumps „America first", nämlich „Germany last". Wobei mittelfristig ohnehin ganz offen die Aufgabe der eigenen Staatlichkeit zugunsten eines europäischen Superstaats angestrebt wird.

Ich hoffe, dass dieses Buch den Einen und Anderen zum Schmunzeln gebracht hat, aber auch zum Nachdenken - Manchen wird es auch nur schlicht verärgert haben. Aber Satire muss ja manchmal auch weh tun.

Peter Borbe

PS: Schauen Sie in einigen Jahren einmal nach, welche Teile Realität geworden sind!

FSC
www.fsc.org
MIX
Papier | Fördert
gute Waldnutzung
FSC® C083411

Zeitfracht Medien GmbH
Ferdinand-Jühlke-Straße 7
99095 Erfurt, Deutschland
produktsicherheit@kolibri360.de